T0003063

GUÍA DE CONSTELACIONES Y ESTRELLAS

LOS EXPLORADORES DEL ESPACIO

Shackleton kids

¿A ti también te fascina levantar los ojos y quedarte mirando el cielo estrellado? Si es así, este libro es especialmente para ti. Aquí encontrarás una guía perfecta para identificar treinta y cuatro espectaculares objetos del firmamento: constelaciones, estrellas e incluso galaxias. Te explicaremos cuándo y cómo localizarlos, qué cuerpos los componen, y los mitos y las curiosidades que esconden.

LOS EXPLORADORES DEL ESPACIO

Soy el profesor QuAnt1cuS y vivo en la nave Atenea con Áurea y Sid (mis dos alumnos de la Escuela de Exploradores del Espacio) y con mi ayudante robótico Marcelino. Estaremos encantados de guiarte en este inolvidable viaje. Solo necesitas prestar atención a nuestras indicaciones y una buena vista. Y si además dispones de un telescopio, podrás enriquecer todavía más tu experiencia como explorador del cielo. ¡La aventura acaba de empezar!

¡Ayudante robótico, dice! Sin mi capacidad de cálculo estas insignificantes formas de vida orgánicas no encontrarían ni sus manos. ¡Mucho menos las estrellas!

Bueno, si sales a ver estrellas y eres tan glotón como yo, además del telescopio también llevaría algo de comer, je, je, je… Por cierto, ¡soy Sid!

¿Sabías que QuAnt1cuS es un extraterrestre que se estrelló en la Tierra y con el golpe se olvidó de dónde venía? Eso sí, es el mejor profe que he tenido nunca, ¡palabra de Áurea!

ÍNDICE

¿QUÉ SON LAS CONSTELACIONES?

En astronomía, las constelaciones son agrupaciones de estrellas que, vistas desde la Tierra, y si las unimos trazando líneas imaginarias, forman figuras. Algunas representan objetos, y otras, personajes. En realidad, las estrellas que constituyen una constelación no tienen por qué guardar ningún tipo de relación en el espacio. ¡De hecho, muchas veces están separadas por centenares de años luz! Pero, cuando las observas desde tu planeta, sí parece que estén cerca en el firmamento. Y, a lo largo de la historia, algunas personas han pensado que representaban ciertas «siluetas». Mira, por ejemplo, cómo al unir los astros que aparecen más abajo se dibuja algo parecido a un caballo. La verdad es que a veces hay que echarle un poco de imaginación, pero, por suerte, ¡los humanos vais sobrados de ella!

En total, la Unión Astronómica Internacional ha establecido 88 constelaciones en el firmamento terrestre, que puedes ver en la carta celeste que tan amablemente nos muestra Marcelino en la página de la derecha. Buena parte de ellas fueron fijadas por los antiguos griegos, y por eso sus nombres remiten a personajes o historias de su mitología. Pero muchísimas otras civilizaciones (en China, en Mesopotamia, en la América precolombina...) recurrieron a esta forma de agrupar las estrellas para medir el tiempo y las estaciones o para orientarse cuando viajaban.

Más que un caballo alado, parece un caballo cojo. ¡Le faltan dos patas!

CONSTELACIÓN DE PEGASO

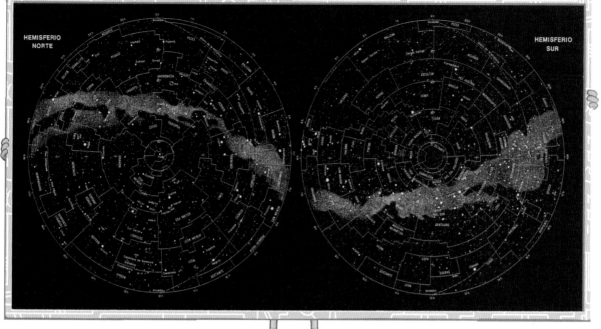

HEMISFERIO NORTE

HEMISFERIO SUR

Como puedes ver en la carta celeste, las constelaciones aparecen agrupadas según su posición en los dos hemisferios de la Tierra, norte y sur. Hay algunas que solo se ven desde uno de los dos hemisferios y las que se ven en los dos tienen la forma invertida en uno y otro lugar. Además, según el momento del año, su posición en el firmamento también cambia. Pero no te preocupes, te indicaremos cómo localizar cada una de las constelaciones de las que hablaremos según dónde te encuentres y también te diremos dónde debes buscarlas según la estación del año en la que explores el espacio con nosotros.

¿Estás listo para el viaje?

Si no entiendes algún concepto, ¡no hay problema! Aunque es un poco gruñón, Marcelino te ha preparado un glosario astronómico al final del libro.

EL ÁGUILA

En esta constelación, los antiguos griegos veían a un águila, un ave que se relacionaba con Zeus, el rey de los dioses. De hecho, se creía que el águila de Zeus llevaba los rayos del dios y que, cuando este los arrojaba, iba a buscarlos y se los devolvía. El mito narra también que esta ave raptó al héroe Ganimedes y se lo llevó al Olimpo, donde se convirtió en el copero de los dioses. A este personaje se lo recuerda en la constelación de Acuario (Acuario significa 'portador de agua'), cerca del Águila. Nuestra galaxia, la Vía Láctea, atraviesa el Águila, que contiene una estrella muy brillante, Altair. Altair constituye uno de los tres vértices de lo que en el hemisferio norte se llama Triángulo estival, junto con Vega, en la constelación de la Lira, y Deneb, en la del Cisne. En la cercana constelación del Escudo hay un bellísimo cúmulo abierto llamado M11 y apodado el cúmulo del Pato Salvaje.

Pues entre un águila que rapta human... y un pato salvaje me quedo con el pato. ¡Segu... que al horno queda bien rico!

¿CÓMO ENCONTRAR EL ÁGUILA?

HEMISFERIO NORTE • El Águila se observa mejor en verano, aunque también, más baja, en otoño. Por la noche, al principio del verano, ya aparece por el sureste, y con el paso de la estación se ve cada vez más alta, hasta encontrarse en dirección sur entre agosto y septiembre.
• En los meses de otoño aún se puede ver, pero cada vez más baja y hacia el suroeste, hasta desaparecer hacia finales de la estación.

HEMISFERIO SUR • El Águila se ve mejor en invierno y durante buena parte de la primavera.
• En junio aparece en el este por la tarde, luego se alza con el paso de las horas y después de medianoche se encuentra a media altura, hacia el norte.
• En pleno invierno se ve en el norte a primera hora de la noche, y cada vez más temprano hasta que, en septiembre, ya puede verse por la tarde.
• En los meses siguientes se encuentra cada vez más baja en dirección noroeste, hasta que desaparece al final de la primavera.

ALTAIR es una estrella enana que gira rápidamente sobre sí misma. Tiene forma achatada y su parte más ancha es el doble de grande que el Sol, mientras que la más estrecha es 1,6 veces mayor. Se encuentra a 16,7 años luz, tiene color blanquecino y es 11 veces más luminosa que el Sol.

ε

ζ – **DENEB EL OKAB**

γ – **TARAZED**

α – **ALTAIR**

β – **ALSHAIN**

δ

η

θ

ι

λ

ANDRÓMEDA

La constelación de Andrómeda simboliza, en la mitología griega, a una princesa hija de Cefeo y Casiopea, reyes de Etiopía. La joven fue ofrecida en sacrificio a un monstruo marino, pero Perseo la salvó y petrificó al monstruo mostrándole la cabeza de Medusa.

La constelación de Andrómeda tiene tres estrellas principales: Alpheratz, Mirach y Alamak. Alpheratz representa la cabeza de Andrómeda y también es conocida como Sirrah. Los dos nombres derivan de un antiguo término árabe que significa 'el ombligo del caballo', ya que esta estrella también formaba parte de la constelación de Pegaso, el caballo alado mitológico, en la que representaba el ombligo del animal. Actualmente, sin embargo, los astrónomos han decidido que pertenece únicamente a la constelación de Andrómeda. En esta constelación también puede verse a simple vista la galaxia de Andrómeda (M31), situada a 2,5 millones de años luz de nosotros. ¡Más adelante te hablaré sobre ella!

La mirada de Medusa convertía en piedra. ¡Y de piedra te vas a quedar cuando veas esta preciosa constelación!

¿CÓMO ENCONTRAR ANDRÓMEDA?

HEMISFERIO NORTE • A finales de verano, Andrómeda aparece por la tarde-noche, baja en el noreste.

• La mejor estación para observarla, no obstante, es otoño, cuando aparece cada vez más alta por la noche, hasta llegar al cenit en octubre.

• En noviembre es visible en torno al cenit sobre las 20 h, y al anochecer en diciembre. Sigue siendo visible durante buena parte del invierno, pero cada vez más baja en el noroeste.

HEMISFERIO SUR • Andrómeda puede verse en primavera, no muy alta en el norte: en plena noche, en octubre, y cada vez más temprano hasta que desaparece a finales de primavera. Se encuentra un poco más alta en las regiones tropicales, mientras que en las templadas lo hace muy baja en el horizonte.

ALAMAK
está a 350 años luz de nosotros. Con un telescopio pueden distinguirse dos de sus componentes: una gigante naranja bastante brillante y una estrella azul más tenue. La estrella azul, a su vez, es triple (esto ya no se distingue con un telescopio), por lo que, en su conjunto, Alamak es un sistema cuádruple.

51

φ

λ

κ

ι

o

γ – ALAMAK

M31

ν

μ

σ

β – MIRACH

π

δ

α – ALPHERATZ

ε

η   ζ

AURIGA

Auriga significa 'cochero', que, entre otras cosas, eran las personas que conducían cuádrigas, los carros de dos ruedas arrastrados por varios caballos que en la Antigüedad se usaban en las batallas o en las carreras. Según la mitología griega, la constelación del Auriga representa a Erictonio, que aprendió de la diosa Atenea a domesticar caballos. Cuentan que fue el primer humano en conseguir sujetar cuatro caballos a un carro, como sucedía con el carro del dios Helios. Para recompensarlo por esa proeza, Zeus colocó a Erictonio en el firmamento y así nació la constelación del Auriga. En ella se halla una estrella muy luminosa, Capella ('pequeña cabra', en latín), que se encuentra sobre la espalda del auriga y recuerda a la cabra Amaltea, que amamantó a Zeus, el rey de los dioses, cuando era un bebé.

En Auriga hay tres cúmulos abiertos (M36, M37 y M38) que son visibles con telescopios de aficionado. ¡No te los pierdas!

¿CÓMO ENCONTRAR AURIGA?

HEMISFERIO NORTE • El mejor periodo para observarla es desde el final del otoño hasta la primavera.

• A finales de otoño y principios de invierno se puede ver baja, en el noreste, en cuanto empieza a anochecer; luego se alza hasta la zona del cenit en mitad de la noche.

• En pleno invierno ya está alta en el este cuando anochece, y sube hasta el cenit pasadas las 20 h, mientras que a finales de invierno aparece en el cenit ya caída la noche.

• En primavera, se ve alta en el oeste y, poco a poco, más baja en el noroeste, hasta desaparecer entre mayo y junio.

HEMISFERIO SUR • La mejor estación para observarla es el verano, cuando se ve baja en el norte, en plena noche al principio de la estación y cada vez más temprano, hasta el anochecer, en febrero.

• Se ve también entre finales de invierno y principios de primavera, baja en el noroeste, y luego desaparece.

AURIGA.

δ

α — **CAPELLA**

β — **MENKALINAN**

ε

ζ

Θ — **THETA AURIGAE**

ι — **HASSALEH**

CAPELLA
es la sexta estrella más
brillante del cielo y se encuentra a
43 años luz de distancia de nosotros.
Se trata de un sistema cuádruple,
formado por dos estrellas gigantes
amarillas (9 y 12 veces más grandes
y 73 y 79 veces más luminosas que
el Sol, respectivamente), así
como por dos enanas rojas
más pequeñas y mucho
más débiles que
el Sol.

BOOTES

En la constelación de Bootes, conocida también como el Boyero, se encuentra Arturo, la cuarta estrella más brillante del cielo. Su nombre deriva del griego Arcturus, que significa 'el guardián de la osa'. En efecto, Arturo y la constelación de Bootes se encuentran detrás de la cola de la Osa Mayor y, según el mito griego, representa a Árcade, hijo de una mujer llamada Calisto a la que Ártemis, diosa de la caza, transformó en osa. Calisto sintió tanta vergüenza que escapó a los bosques. Mucho tiempo después volvió a ver a Árcade y, eufórica, corrió a su encuentro, pero él no reconoció en aquella osa a su madre y estuvo a punto de golpearla para defenderse. Entonces intervino Zeus, que los envió al firmamento y los transformó en las constelaciones de Bootes (Árcade) y Osa Mayor (Calisto).

Árcade fue asesinado por su abuelo Licaón, que lo guisó y lo ofreció a los dioses en un banquete. ¡Por suerte, Zeus se dio cuenta y lo devolvió a la vida!

¿CÓMO ENCONTRAR BOOTES?

HEMISFERIO NORTE • Encontrar Bootes es fácil: se parte del Carro Mayor y se prosigue la curvatura sugerida por la cola de la Osa Mayor hasta Arturo.

• Al principio de la primavera se ve sobre las 7 u 8 de la tarde baja en el este, y se alza hacia el sur por la noche. Poco a poco se ve cada vez más alta, a primera hora de la noche, hasta que al final de la primavera se sitúa muy arriba, en el sur, apenas anochece.

• Al principio del verano, Bootes se ve aún más arriba hacia el sur, al anochecer, pero con el paso de los meses se aprecia más abajo, hacia el oeste, hasta que desaparece en otoño.

HEMISFERIO SUR • En otoño, Bootes se ve baja hacia el norte, en plena noche al inicio de la estación, y poco a poco más temprano, hasta que se aprecia en el norte sobre las 7 u 8 de la tarde al final del otoño.

• Al principio del invierno, Bootes se ve baja hacia el norte en cuanto anochece, y con el avance de la estación cada vez está más baja en el noroeste, hasta que en pleno invierno desaparece.

θ

κ

λ

β – NEKKAR

γ – SEGINUS

δ

ρ

ε – IZAR

ARTURO es una estrella gigante de color anaranjado, 25 veces más grande que el Sol y unas 200 veces más luminosa, que se encuentra a 37 años luz de nosotros. Es la estrella más grande y luminosa situada en un radio de 50 años luz del Sol, y está más desarrollada que este. Al final de su vida, nuestro astro se convertirá en una gigante roja similar a Arturo.

η – MUFRID

α – ARTURO

τ

ζ

CAN MAYOR

En el firmamento, el cazador Orión aparece acompañado de dos perros, representados por las constelaciones de Canis Maior y Canis Minor, es decir, el Can Mayor y el Can Menor. Al oeste del Can Mayor, bajo los pies de Orión, se halla la constelación Lepus, la Liebre. Debido a la rotación terrestre, parece que el Can Mayor la esté persiguiendo en el cielo.

En el Can Mayor se encuentra Sirio, la estrella más brillante del firmamento, conocida también como la Estrella Perro. En el sur de la constelación se halla un triángulo formado por las estrellas Wezen, Adhara y Aludra, bastante visibles, aunque no demasiado brillantes. En realidad, son muy luminosas (82 000, 39 000 y 105 000 veces más que el Sol, respectivamente), pero se encuentran muy lejos.

En el cielo nocturno. ¡solo la Luna, Venus, Júpiter y Marte se ven más brillantes que Sirio!

¿CÓMO ENCONTRAR EL CAN MAYOR?

HEMISFERIO NORTE • Esta constelación se ve bien en invierno. Al principio de la estación surge en el sureste a partir de las 8 de la tarde, y por la noche se encuentra en el sur, no muy alta. En pleno invierno, aparece un poco antes y, al caer la noche, puede verse en el sur.

• Al inicio de la primavera puede verse en el sur en cuanto oscurece y, a medida que avanza la estación, aparece cada vez más baja en el suroeste, hasta que a mediados de primavera desaparece.

HEMISFERIO SUR • La mejor estación para verla es en verano. Al principio aparece muy alta en el norte, en plena noche, y, poco a poco, a medida que avanza la estación, surge cada vez más temprano, hasta que a finales de verano lo hace al anochecer.

• También es visible en otoño, cada vez más baja hacia el oeste.

θ

γ – MULIPHEIN

α – SIRIO

β – MIRZAM

ι

ν²

SIRIO es la estrella más brillante del firmamento. Esto se debe a que es bastante luminosa (25 veces más que el Sol), pero, sobre todo, a que se trata de una de las más cercanas a la Tierra, ya que está a 8,6 años luz de distancia. Es una enana de color blanco azulado y 1,7 veces más grande que el Sol.

ο²

ο¹

δ – WEZEN

σ

ζ – FURUD

ε – ADHARA

η – ALUDRA

CAN MENOR

La constelación del Can Menor representa al otro perro del gigante Orión, uno de los grandes cazadores de la mitología griega, de cuya constelación te hablaré más adelante. Los tres personajes aparecen cerca en el firmamento: el Can Menor se encuentra al norte de su compañero, el Can Mayor, y al este de Orión.

Encontrar el Can Menor es fácil usando Orión como referencia: desde el hemisferio norte, cuando Orión está en el sur, nos desplazamos hacia la izquierda hasta localizar una estrella muy brillante, Procyon, la más importante del Can Menor. Desde el hemisferio sur, cuando Orión está en el norte, Procyon queda a su derecha.

El nombre de esta estrella deriva del griego antiguo *pro Kýon*, que significa 'antes del perro', ya que desde Europa y desde zonas situadas en latitudes similares se la ve aparecer poco antes que Sirio, la Estrella Perro, que, como has visto, es la más brillante del firmamento.

¿CÓMO ENCONTRAR EL CAN MENOR?

HEMISFERIO NORTE • Se ve mejor en invierno, aunque también puede verse en primavera. En diciembre aparece en el este por la tarde. Con el paso de las horas se alza y queda en una posición alta hacia el sur tras la medianoche. En enero se puede ver en esa posición a medianoche, y luego cada vez más temprano en febrero y en marzo.

• En los meses siguientes se ve cada vez más baja, hacia el suroeste, hasta que desaparece al final de la primavera.

HEMISFERIO SUR • Se ve mejor en verano, pero también, más baja, en otoño.

• En diciembre se ve a media altura, hacia el norte, después de la medianoche; en enero, a medianoche; en febrero, sobre las 10 de la noche, y en marzo, al anochecer.

• En los meses siguientes aún se puede ver, pero cada vez más baja, hacia el noroeste, hasta que a finales de otoño desaparece.

PROCYON
es la octava estrella más
brillante que vemos en el cielo.
Se trata de una estrella el doble
de grande y 7 veces más brillante
que el Sol, y se encuentra a
11 años luz de nosotros. Es de color
blanquecino y tiene una pequeña
estrella compañera, una enana
blanca, que es lo que queda
de una estrella que
ya ha finalizado su
ciclo vital.

β – **GOMEISA**

α – **PROCYON**

Marcelinfo
Junto con Sirio y
Betelgeuse, Procyon
forma el asterismo
llamado Triángulo
invernal, una de las figuras
que más resaltan en
invierno en el cielo del
hemisferio norte.

CÁNCER

La constelación de Cáncer, que significa 'cangrejo', es poco llamativa, dado que solo contiene estrellas débiles y se encuentra entre las constelaciones de los Gemelos y Leo, mucho más brillantes. No obstante, Cáncer contiene un objeto muy notable, el cúmulo abierto M44, conocido también como cúmulo del Pesebre o el Colmenar, situado a 610 años luz. Visible a simple vista como un copo luminoso cuando el cielo está muy oscuro, el cúmulo se ve muy bonito si se observa a través de unos buenos prismáticos.

Con el telescopio solo hay que procurar no ampliar demasiado la imagen: como es un cúmulo muy grande, si lo hacemos solo se ve un trocito y se pierde la visión de conjunto. Cerca del cúmulo se ven dos estrellas pequeñas: se llaman Asellus Borealis y Asellus Australis, nombres que en latín significan 'asno boreal' y 'asno austral'. El motivo es que, según la mitología grecorromana, el cúmulo era un comedero y las dos pequeñas estrellas, dos asnos que se alimentaban en él.

¿CÓMO ENCONTRAR CÁNCER?

HEMISFERIO NORTE • Las mejores estaciones para observar esta constelación son el invierno y la primera parte de la primavera.

• En pleno invierno aparece en el noroeste tras la puesta de sol y culmina en el sur alrededor de la media noche.

• Sigue siendo visible durante buena parte de la primavera: en un principio culmina durante la tarde, luego aparece cada vez más baja hacia el oeste hasta desaparecer hacia el final de la estación.

HEMISFERIO SUR • La mejor estación para observarla es el verano, cuando se ve baja hacia el norte, de noche en pleno verano y durante la tarde al final de la estación, aunque también es visible durante buena parte del otoño.

ASELLUS BOREALIS

ASELLUS AUSTRALIS

M44

ACUBENS

ALTARF

El cúmulo del Pesebre es uno de los más cercanos a tu planeta. También fue uno de los primeros objetos celestes estudiados por el gran científico italiano Galileo Galilei.

Pese a no ser muy luminosa, **ALTARF** es la estrella más brillante de la constelación de Cáncer. Se trata de una gigante anaranjada 60 veces más grande y 870 veces más luminosa que el Sol, y se encuentra a 260 años luz de nosotros. Alrededor de esta estrella orbita un planeta extrasolar mucho más masivo que Júpiter.

CARINA

La constelación de Carina representa la quilla del Argo, el barco en el que, según la mitología griega, zarparon Jasón y los Argonautas en su aventura en busca del vellocino de oro, la piel dorada de un mítico carnero alado. Antiguamente, Carina y dos constelaciones vecinas, Vela y Puppis ('la popa') formaban parte de una gran constelación que en la actualidad ya no se reconoce como tal: Argo Navis ('el navío Argo'). Carina es una constelación realmente espectacular, sobre todo gracias a Canopo, la segunda estrella más brillante del firmamento, solo superada por Sirio. Además, contiene numerosos cúmulos (como Theta Carinae, visible a simple vista y también conocido como las Pléyades del Sur) y nebulosas (como la de Carina, también visible a simple vista).

¿CÓMO ENCONTRAR CARINA?

HEMISFERIO NORTE • En general, la constelación de Carina no puede verse desde las regiones templadas de este hemisferio.

• En las regiones tropicales emerge baja en el horizonte a finales del invierno e inicios de la primavera.

HEMISFERIO SUR • En verano, Carina aparece por la noche a media altura, en el sureste, y se alza hasta situarse muy alta en plena noche.

• En otoño, aparece muy alta, en el cenit, al anochecer.

• A principios del invierno, en cambio, está bastante alta en el suroeste, a primera hora de la noche, y luego baja hacia el horizonte en el sur.

• Finalmente, entre finales del invierno y principios de la primavera se ve baja en el sur, en las regiones templadas, mientras que en las tropicales queda por debajo del horizonte.

En esta constelación también se encuentra Eta Carinae, una de las estrellas con más masa que se conocen. ¡No, Sid, no hablo de masa de pizza!

α – **CANOPO**

ε – **AVIOR**

ι – **ASPIDISKE**

υ

β – **MIAPLACIDUS**

ω

CANOPO
es la segunda estrella más brillante del firmamento, tras Sirio. En realidad, es mucho más luminosa que Sirio, aunque la vemos brillar menos porque está mucho más lejos. Es una estrella gigante 70 veces más grande y 11 000 veces más luminosa que el Sol. Se encuentra a 310 años luz de distancia de nosotros.

CASIOPEA

Las estrellas principales de la constelación de Casiopea, si bien no son muy luminosas, dibujan en el cielo la forma de una W muy característica. Según el mito griego, Casiopea era una reina, esposa del rey Cefeo. La hija de ambos era la princesa Andrómeda, que iba a ser sacrificada a un monstruo marino (identificado en el cielo por la constelación Cetus). Al final, por suerte, el héroe Perseo pudo salvarla.

Atravesada por la Vía Láctea, la constelación de Casiopea contiene un gran número de cúmulos abiertos, como M52, que se encuentra a 4600 años luz de nosotros, y NGC 457, a 7900 años luz. Ambos aparecen de forma destacada en el telescopio.

¿CÓMO ENCONTRAR CASIOPEA?

HEMISFERIO NORTE • Casiopea es fácil de distinguir para los observadores del hemisferio norte. Partiendo del Carro de la Osa Mayor, se llega a la Estrella Polar, y, continuando a lo largo de una distancia similar, se encuentra Casiopea.

• En otoño, Casiopea aparece muy alta cerca del cenit, mientras que el Carro Mayor queda bajo, hacia el norte.

• En invierno, Casiopea está a media altura, en el noroeste, y el Carro Mayor, en el noreste.

• En primavera, el Carro Mayor aparece muy alto, cerca del cenit, y Casiopea baja, hacia el norte.

• Finalmente, en verano Casiopea está a media altura, en el noreste, y el Carro Mayor, en el noroeste.

HEMISFERIO SUR • Por lo general, Casiopea no puede verse desde el hemisferio sur, a excepción de las zonas que se encuentran más cerca del ecuador, desde donde se ve en primavera más bien baja en el norte.

ε – **SEGIN**

δ – **KSORA**

γ

M52 ◯

β – **CAPH**

NGC 457 ◯

η – **ACHIRD**

α – **SCHEDAR**

ACHIRD
está situada a 19,4 años
luz del sistema solar y es una
preciosa estrella doble. Una de sus
componentes es más brillante,
de color amarillo, y la otra es más
débil y de color anaranjado.
Là primera es muy parecida
al Sol; la segunda, en cambio,
es algo más pequeña y unas
17 veces menos luminosa
que nuestra estrella.

Marcelinfo
Cuando los humanos
no pueden usar la Osa
Mayor para orientarse
y encontrar el punto
cardinal norte, suelen
utilizar la constelación
de Casiopea.

CEFEO

La forma de la constelación de Cefeo, atravesada por la Vía Láctea, se parece ligeramente a una casita con el tejado puntiagudo.

Según la mitología griega, representa al rey Cefeo, el marido de la reina Casiopea y el padre de Andrómeda, la princesa que iba a ser sacrificada al monstruo marino identificado en el cielo por la constelación de Cetus. Como ves, ¡este mito ha dado pie a un montón de constelaciones!

A pesar de no ser muy llamativa, la constelación de Cefeo contiene estrellas notables, como Mu Cephei, una supergigante roja grandísima; Delta Cephei, una estrella perteneciente a la categoría de las cefeidas (un tipo de estrellas de luminosidad variable), y Errai, una estrella doble cuyo componente principal tiene un planeta extrasolar.

En Cefeo se halla la galaxia NGC 6946. Se han observado tantas supernovas en ella que también se la conoce como la «galaxia de los fuegos artificiales».

¿CÓMO ENCONTRAR CEFEO?

HEMISFERIO NORTE • En verano, Cefeo aparece a media altura hacia el noreste, pero va viéndose poco a poco más alta con el transcurso de la estación.

• En otoño, la mejor estación para verla, se encuentra muy alta por la noche, cerca del cenit.

• En invierno aparece a media altura hacia el noroeste, pero cada vez más baja a medida que avanza la estación.

• Por último, en primavera aparece baja, hacia el norte.

HEMISFERIO SUR • Por lo general, Cefeo no puede verse desde el hemisferio sur, a excepción de las zonas que se encuentran más cerca del ecuador, desde donde se ve muy baja en el norte, en primavera.

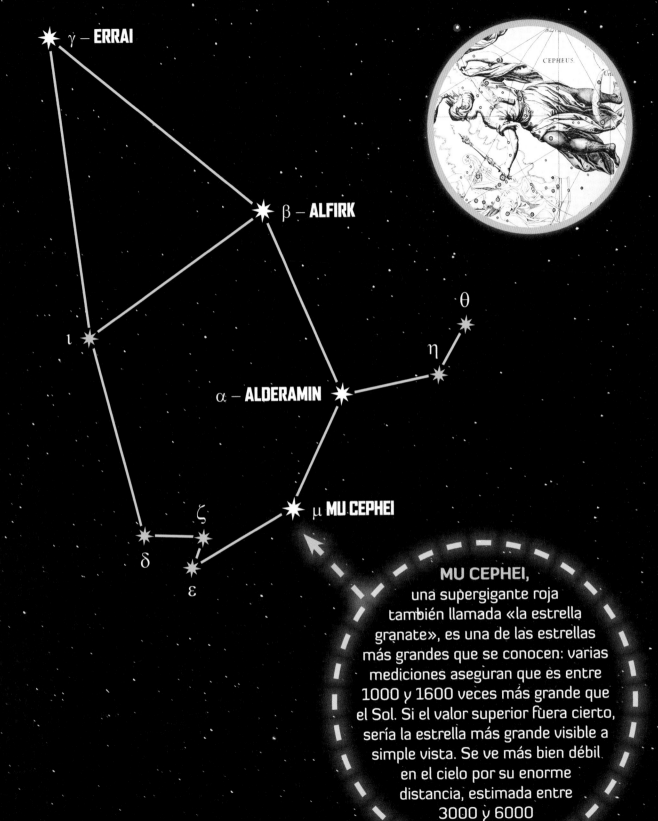

γ – ERRAI

β – ALFIRK

θ

η

α – ALDERAMIN

ζ

δ

ε

μ MU CEPHEI

CEPHEUS.

MU CEPHEI,
una supergigante roja
también llamada «la estrella
granate», es una de las estrellas
más grandes que se conocen: varias
mediciones aseguran que es entre
1000 y 1600 veces más grande que
el Sol. Si el valor superior fuera cierto,
sería la estrella más grande visible a
simple vista. Se ve más bien débil
en el cielo por su enorme
distancia, estimada entre
3000 y 6000
años luz.

CENTAURO

La constelación de Centauro es una de las más espectaculares. Contiene dos estrellas muy brillantes: Alfa Centauri, la tercera más luminosa del firmamento, y Hadar, la undécima. Los centauros son personajes de la mitología griega que tienen cabeza y busto humanos, y cuerpo y patas de caballo. La constelación representa al centauro Quirón, el más sabio y amable de todos, y maestro, entre otros, de los grandes héroes Aquiles y Hércules. Alfa Centauri es un sistema triple, con las tres estrellas más cercanas al Sol del universo. En Centauro se encuentra también Omega Centauri, el cúmulo globular más brillante, grande y masivo de la Vía Láctea, que se puede ver a simple vista.

O sea, un centauro es como un caballo, pero con el jinete incorporado, ¿no?

¿CÓMO ENCONTRAR CENTAURO?

HEMISFERIO NORTE • En general, la constelación de Centauro no puede verse desde el hemisferio norte, excepto en las zonas más cercanas al ecuador, desde donde se ve baja, hacia el sur, en primavera y a principios de verano. Desde las zonas templadas se ve una parte que sobresale en el horizonte durante las noches de primavera, pero no es posible observar las brillantes Alfa Centauri y Hadar.

HEMISFERIO SUR • La mejor estación para observarla es otoño, cuando aparece muy alta en el cielo, hacia el cenit, en mitad de la noche.

• En verano se ve más baja en la tarde-noche, hacia el sureste, y sube a medida que avanza la noche. En invierno, en cambio, está muy alta un poco más temprano, y luego baja en el suroeste.

• En primavera es más difícil observarla, aunque puede verse una parte de ella, con las brillantes Alfa Centauri y Hadar, muy baja, hacia el sur.

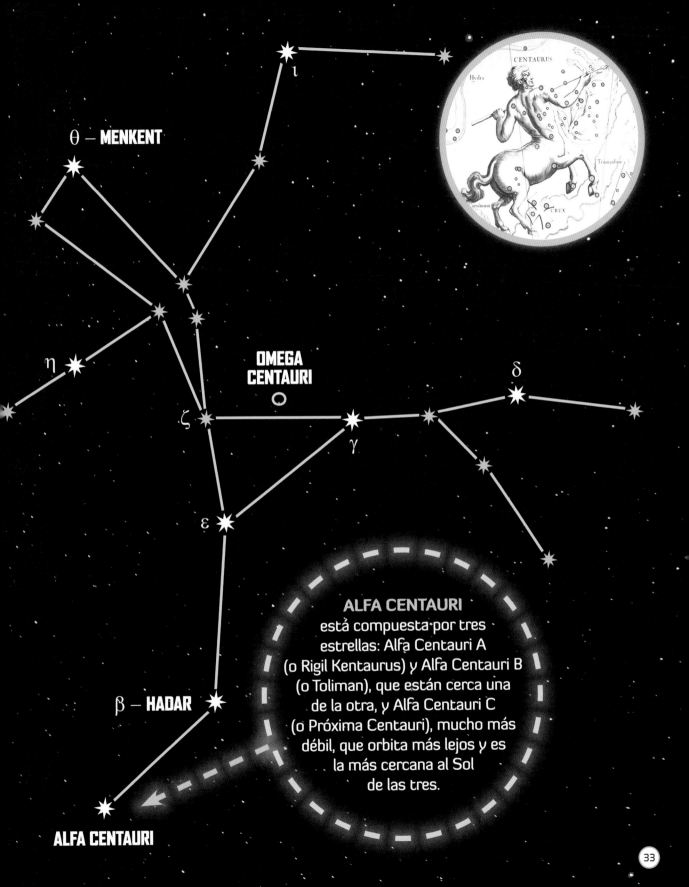

θ – MENKENT

ι

η

ζ

OMEGA CENTAURI

γ

δ

ε

β – HADAR

ALFA CENTAURI
está compuesta por tres
estrellas: Alfa Centauri A
(o Rigil Kentaurus) y Alfa Centauri B
(o Toliman), que están cerca una
de la otra, y Alfa Centauri C
(o Próxima Centauri), mucho más
débil, que orbita más lejos y es
la más cercana al Sol
de las tres.

ALFA CENTAURI

CETUS

En la mitología griega, Ceto era un gigantesco monstruo marino enviado por el dios del mar, Poseidón, para devorar a la princesa Andrómeda. El héroe Perseo la rescató y petrificó al monstruo mostrándole la cabeza de Medusa, que tenía el poder de convertir en piedra a quien la mirara. También Cetus, la constelación dedicada a este monstruo marino, es muy grande, aunque no la mayor de todo el cielo, sino la cuarta. No tiene estrellas muy brillantes: la más luminosa es Diphda, también conocida como Deneb Kaitos. Deneb es un término árabe que significa 'cola', y da nombre a la estrella porque esta se encuentra en la cola del monstruo. Diphda no es muy luminosa, pero destaca en el cielo porque se encuentra en una zona con pocas estrellas. En Cetus también se encuentra Mira, una famosa estrella variable, es decir, cuya luminosidad cambia, bien visible a simple vista en el punto máximo y totalmente invisible en el mínimo. Con un telescopio, en Cetus se puede ver la galaxia espiral barrada M77.

¿CÓMO ENCONTRAR CETUS?

HEMISFERIO NORTE • La mejor estación para ver Cetus es el otoño, cuando se ve bastante baja en el sur, en plena noche al inicio de la estación y cada vez más temprano hasta llegar a las 7 u 8 de la tarde. Para localizar Diphda se puede empezar por el lado izquierdo del Cuadrante de Pegaso, visible mucho más alto, y bajar por su prolongación hasta encontrar esta estrella.

• Cetus sigue siendo visible a principios del invierno, cada vez más baja en el suroeste.

HEMISFERIO SUR • La mejor estación para ver Cetus es la primavera, cuando se ve bastante alta en el norte, en plena noche al inicio de la estación y en cuanto empieza a anochecer hacia el final. Para localizar Diphda, se puede empezar por el lado derecho del Cuadrante de Pegaso, bajo en el horizonte, y subir por su prolongación hasta encontrar esta estrella.

• Al principio del verano, Cetus se ve aún bastante alta en el noroeste, y cada vez más baja en el oeste, hasta desaparecer bien entrado el verano.

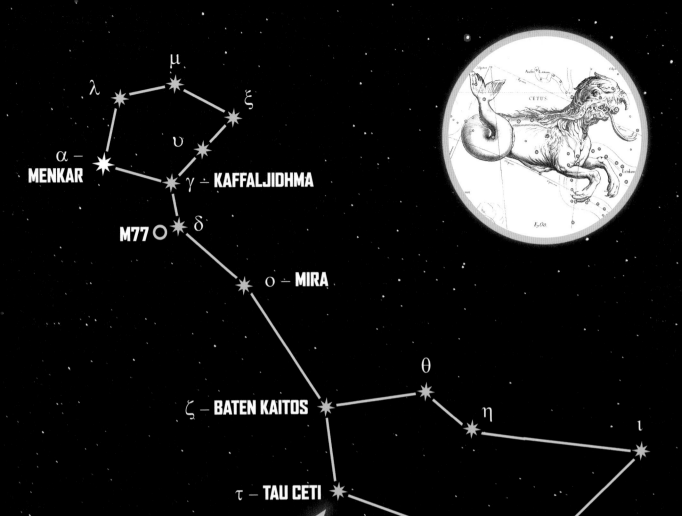

μ

λ

ξ

υ

α –
MENKAR

γ – **KAFFALJIDHMA**

M77 ○ δ

o – **MIRA**

θ

ζ – **BATEN KAITOS**

η

ι

τ – **TAU CETI**

β – **DIPHDA**

TAU CETI está bastante cerca de nosotros, a «solo» 11,9 años luz. Es una enana amarilla parecida a nuestro astro: con el 80 % de la masa del Sol, es la mitad de luminosa que nuestra estrella. Su sistema planetario es el más cercano conocido alrededor de una estrella similar al Sol.

A Cetus también la llaman la Ballena. Cuidado, no te mojes si la buscas, ¡porque en su zona hay otras constelaciones «acuáticas» como Acuario y Piscis!

EL CISNE

La constelación del Cisne es fácil de reconocer: tiene la forma de una gran cruz y por eso también se la conoce como Cruz del Norte. Representa a Zeus, que se presentó con el aspecto de un cisne ante Leda, la mujer de Tindáreo, el rey de Esparta. De su encuentro con Leda nació Pólux, uno de los dos gemelos de la constelación Gemini. Según otra versión, el cisne sería Orfeo, un músico de la mitología griega al que el rey de los dioses, Zeus, transformó en este animal tras su muerte. La constelación se encuentra junto a la de Lira, que es el instrumento que Orfeo tocaba. La estrella más luminosa del Cisne es Deneb, que, junto con Vega (en la Lira) y Altair (en el Águila), forma el Triángulo estival en el hemisferio norte.

Pólux no fue el único fruto de la unión de Leda y el Zeus-cisne. También tuvieron a Helena, ¡la mujer más hermosa de toda Grecia!

¿CÓMO ENCONTRAR EL CISNE?

HEMISFERIO NORTE • La mejor estación para observar la constelación del Cisne es el verano. Se puede ver por la tarde en el noreste, y alcanza el cenit en plena noche entre julio y agosto.

• El Cisne sigue siendo visible por la tarde-noche durante todo el otoño: muy alta, al principio, y cada vez más baja en el noroeste con el paso de las semanas.

HEMISFERIO SUR • Esta constelación solo puede verse desde una parte del hemisferio austral. En las noches de invierno se ve en el norte, alta en las regiones ecuatoriales y tropicales y muy baja en las templadas. En las regiones más al sur, solo puede verse parcialmente o no se ve en absoluto.

Aunque en el firmamento es la menos brillante de las estrellas del Triángulo estival, en realidad **DENEB** es mucho más luminosa que las otras, pero también está mucho más lejos. Es una supergigante que está a 2600 años luz de nosotros, y es 200 veces más grande y 200 000 veces más luminosa que el Sol.

κ

ι

δ – **DELTA CYGNI**

α – **DENEB**

γ – **SADR**

ε – **GIENNAH**

ζ

β – **ALBIREO**

CORVUS, CRATER E HIDRA

Según la mitología griega, el dios Apolo tenía como sirviente a un cuervo, al que pidió que le llevara agua en una crátera (una especie de copa griega). En su viaje, el cuervo se encontró con una higuera y decidió esperar a que los frutos maduraran para comérselos. Cuando volvió con Apolo, con mucho retraso, se justificó diciendo que había tardado por culpa de una hidra (una culebra acuática) que le había impedido recoger el agua. Apolo no se creyó la excusa y castigó al cuervo colocándolo en el cielo, cerca de una hidra y una crátera, pero separados, para que el cuervo no pudiera beber nunca. Por eso, cerca de Corvus (el Cuervo) se hallan Crater (la Copa) e Hidra. Esta última es larguísima, la más grande de las 88 constelaciones del firmamento, y en ella se encuentra M83, una galaxia espiral barrada que está a «solo» 15 millones de años luz.

En Corvus se encuentran las galaxias Antena, que están en plena colisión galáctica. ¡Sus núcleos formarán una supergalaxia!

¿CÓMO ENCONTRARLAS?

HEMISFERIO NORTE • La mejor estación para observar Corvus, Crater e Hidra es la primavera, cuando aparecen no muy altas en el sur. Hidra, debido a su gran longitud, se extiende desde el suroeste hasta el sureste.

• Hacia finales de invierno estas constelaciones son visibles un poco antes de medianoche, mientras que a principios de verano se ven muy bajas en cuanto oscurece.

HEMISFERIO SUR • La mejor estación para observarlas es el otoño, cuando aparecen, muy altas, en el norte. Hidra, debido a su gran longitud, se extiende desde el noroeste hasta el noreste.

• A finales de verano aparecen bajas en el este a última hora de la tarde, cada vez más altas bien entrada la noche. A principios del invierno se ven cada vez más bajas en el oeste hasta que desaparecen a medida que avanza la estación.

ALFARD es una gigante naranja 50 veces más grande y 800 veces más luminosa que el Sol, y está a unos 180 años luz de nosotros. Se encuentra en una zona del firmamento sin muchas estrellas y su nombre deriva del árabe y significa 'la solitaria'.

θ

α – **ALFARD**

μ

δ

γ – **GIENAH GURAB**

β – **KRAZ**

β

γ

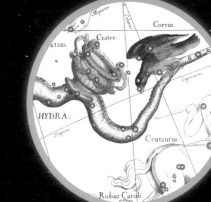

LA CRUZ DEL SUR

La Cruz del Sur, también conocida como Crux, es la más pequeña, aunque no la menos espectacular, de las 88 constelaciones que conforman la bóveda celeste según la Unión Astronómica Internacional. Es muy característica y fácil de reconocer y está formada por cuatro estrellas: la brillante Ácrux, Mimosa, Gacrux e Imai.

La constelación es tan típica del cielo austral que varios países del sur, como Australia, Nueva Zelanda y Brasil, han optado por incluirla en sus banderas. Cerca de las estrellas de la Cruz se encuentra una nebulosa oscura llamada Saco de Carbón, visible incluso a simple vista.

La constelación de la Cruz del Sur es muy útil para orientarse, ya que, gracias a ella, se puede encontrar fácilmente el punto cardinal sur: basta con tomar el segmento que une Gacrux con Ácrux, y prolongarlo cuatro veces y media desde la parte de Ácrux.

¿CÓMO ENCONTRAR LA CRUZ DEL SUR?

HEMISFERIO NORTE • Por lo general, la constelación de la Cruz del Sur no se puede ver desde el hemisferio norte, salvo en las zonas tropicales y ecuatoriales: en ellas se ve baja hacia el sur, en primavera.

HEMISFERIO SUR • En verano, la Cruz del Sur aparece de noche baja hacia el sureste y se va elevando cada vez más a medida que avanza la noche.

• En otoño, la mejor estación para observarla, aparece muy alta en el cielo, y se sitúa en el cenit antes de medianoche.

• En invierno, en cambio, está muy alta antes del anochecer, pero luego baja hacia el suroeste.

• Finalmente, durante la primavera, la estación menos adecuada para verla, puede encontrarse baja hacia el sur.

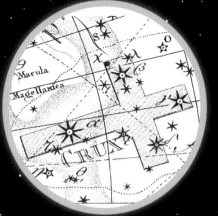

γ – **GACRUX**

δ – **IMAI**

β – **MIMOSA**

α – **ÁCRUX**

ÁCRUX es una estrella múltiple, con al menos tres componentes (aunque puede que sean incluso cinco o seis), el más brillante de los cuales es una estrella azul 25.000 veces más luminosa que el Sol. Se encuentra a unos 320 años luz de distancia de nosotros. Aunque la nebulosa oscura Saco de Carbón aparece en el cielo cerca de esta estrella, en realidad está más lejos, a unos 590 años luz de la Tierra.

Marcelinfo
Tres de sus lados limitan con la constelación de Centauro, mientras que por el sur lo hace con la de Musca (la Mosca).

DORADO

Dorado es una pequeña constelación que carece de estrellas muy brillantes, aunque sí contiene un objeto celeste excepcional, la Gran Nube de Magallanes, que se extiende también parcialmente en la constelación vecina de Mensa y es visible a simple vista.

Dorado representa a un pez, mientras que Mensa (que significa 'mesa' en latín) hace referencia a la montaña de la Mesa en Sudáfrica. Fue en este emplazamiento desde donde el astrónomo francés del siglo XVIII Nicolas-Louis de Lacaille observó el cielo austral. Una de las 14 nuevas constelaciones a las que este astrónomo dio nombre fue, precisamente, Mensa.

En la Gran Nube de Magallanes se encuentra la nebulosa de la Tarántula, que puede verse con unos buenos prismáticos o un telescopio.

¡Pues esta constelación sí que se parece a un pez espada! La nebulosa de Tarántula prefiero no mirarla, ¡no vaya a ser que me pique!

¿CÓMO ENCONTRAR DORADO?

HEMISFERIO NORTE • La constelación de Dorado no es visible desde el hemisferio boreal, salvo en las zonas más próximas al ecuador, desde donde puede verse baja hacia el sur en las noches de invierno.

HEMISFERIO SUR •
La constelación de Dorado es visible desde todo el hemisferio austral.

• En las regiones templadas y las situadas más al sur es circumpolar, es decir, que nunca desaparece bajo el horizonte.

• Puede verse alta hacia el sur en las noches de verano, un poco más baja hacia el suroeste en otoño y hacia el sureste en primavera, y aún más baja, cerca del horizonte sur, en invierno.

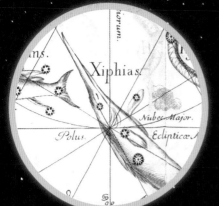

γ.

α — **ALFA DORADUS**

ζ

β

δ

**GRAN NUBE
DE MAGALLANES**

ALFA DORADUS
es la estrella más
luminosa de la constelación,
a pesar de que no es muy
brillante. Se halla a unos 170 años
luz del sistema solar. Es una estrella
doble y sus dos componentes
son blanco-azuladas: Son,
respectivamente, 3,5 y
1,9 veces mayores que el
Sol, y 195 y 70 veces
más luminosas
que él.

ERIDANUS

La constelación de Eridanus es muy alargada y representa un río con sus meandros. Según la mitología griega, Faetón (el hijo de Helios, el dios del Sol) un día condujo el carro con el que su padre llevaba nuestro astro durante el día. Pero lo hizo tan mal que se acercó demasiado a la Tierra y la quemó. Antes de que los daños fueran mayores, Zeus le lanzó un rayo que hizo que Faetón cayera en el río Erídano, donde se ahogó.

La estrella que marca el nacimiento del río se llama Cursa y en el cielo se encuentra cerca de Rigel, la más luminosa de la constelación de Orión. La desembocadura, en la parte opuesta de la constelación, está representada por Achernar, la novena estrella más brillante del cielo. También es importante, pese a que es poco luminosa, Épsilon Eridani (también llamada Ran), ya que es la más cercana de las estrellas similares al Sol: solo un poco más pequeña que este y unas 3 veces menos luminosa.

> Épsilon Eridani tiene un planeta extrasolar llamado Épsilon Eridani b, o AEgir.

¿CÓMO ENCONTRAR ERIDANUS?

HEMISFERIO NORTE • Desde las zonas templadas solo se ve una parte de esta constelación, hacia el sur en plena noche en otoño y durante la tarde en invierno. Pero no se puede contemplar, por ejemplo, su estrella más brillante, Achernar, que empieza a verse desde las regiones ecuatoriales, muy baja sobre el horizonte sur.

HEMISFERIO SUR • Esta constelación se ve mejor en el sur del planeta, muy alta en el cielo hasta la región del cenit, en plena noche en primavera y durante la tarde en verano. Achernar se ve en estas estaciones más bien alta en el cielo, pero también se puede ver el resto del año, más baja hacia el sur.

ERIDANUS.

β – **CURSA**

ε – **RAN**

γ – **ZAURAK**

θ – **ACAMAR**

α – **ACHERNAR**

ACHERNAR
es una estrella doble
situada a 139 años luz del
sistema solar. Su principal
componente es una estrella
azul 3150 veces más luminosa que
el Sol. Como gira muy rápidamente,
tiene forma aplastada, como
una pelota de *rugby*: en la parte
más ancha es unas 11 veces más
grande que el Sol, y en la
más aplastada, unas
7 veces más grande.

ESCORPIO

La constelación de Escorpio es una de las más espectaculares del firmamento. Tres estrellas, Acrab, Dschubba y Pi Scorpii, representan la cabeza del animal. Una larga línea de estrellas identifica su cuerpo. Entre ellas se encuentra Antares, la más brillante, una estrella roja situada en su corazón. En el aguijón se encuentran Shaula, la segunda más brillante de la constelación, y Lesath.

Finalmente, las pinzas están representadas por Zubenelgenubi y Zubeneschamali, que en árabe medieval significan, respectivamente, 'la pinza del sur' y 'la pinza del norte'. Sin embargo, más tarde estos astros fueron asignados a la cercana constelación de Libra, aunque conservaron sus nombres. Escorpio es una constelación muy antigua, ya conocida por los sumerios. Los griegos vieron en ella al animal que picó al gigante Orión y le causó la muerte.

¿CÓMO ENCONTRAR ESCORPIO?

HEMISFERIO NORTE • La mejor estación para verla es el verano, cuando aparece baja en el sur, en plena noche en junio, antes de medianoche en julio y en cuanto oscurece en agosto. Para encontrarla, hay que buscar Antares, la estrella más brillante, baja en el sur.

• En septiembre aparece más baja aún, al anochecer. También se puede ver en primavera, pero por la noche, muy tarde.

HEMISFERIO SUR • En otoño, aparece en el sureste a finales de marzo, por la noche, y cada vez más temprano hasta la llegada del invierno, la mejor estación para verla.

• En junio ya es visible en el sureste cuando se pone el sol, y se eleva en el cielo hasta llegar al cenit en plena noche. En esa misma posición puede verse a primera hora de la noche, en julio, y un poco antes, en agosto.

• Sigue siendo visible a principios de primavera, cada vez más baja en el suroeste.

ANTARES es una supergigante roja, una estrella de gran masa (entre 10 y 15 veces la del Sol) que, a pesar de tener «solo» 15 millones de años, ya ha evolucionado mucho. Explotará como una supernova antes de un millón de años. Su tamaño es colosal: unas 800 veces el del Sol. Se encuentra a unos 550 años luz de distancia.

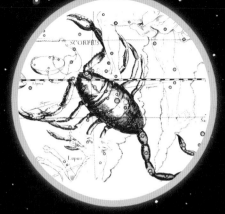

ν

β – ACRAB

σ – AL NIYAT

δ – DSCHUBBA

α – ANTARES

τ – TAU SCORPII

π – PI SCORPII

ρ

ε – LARAWAG

λ – SHAULA

υ – LESATH

κ

ι

μ

Antares significa 'el rival de Ares' (el dios de la guerra griego, llamado Marte por los romanos). ¡Y es que su color rojizo hace que rivalice con el planeta Marte, también rojo en el firmamento!

ζ²

θ – SARGAS

η

LAS GALAXIAS M31 Y M33

La galaxia de Andrómeda (M31) está a 2,5 millones de años luz de nosotros y su diámetro es de 220 000 años luz. Se llama así porque se encuentra en la constelación de Andrómeda, donde se ve como una manchita luminosa, perceptible incluso a simple vista con el cielo despejado y oscuro. La galaxia de Andrómeda y la nuestra, la Vía Láctea, ambas del tipo llamado «espirales barradas», son las dos más grandes del Grupo Local, un conjunto de varias decenas de galaxias esparcidas a lo largo de 10 millones de años luz.

La tercera más grande es la galaxia del Triángulo (M33), una espiral que se encuentra en la constelación del Triángulo: mide «solo» 60 000 años luz de diámetro y se encuentra a 2,7 millones de años luz de nosotros. Suele considerarse a esta galaxia como el objeto más lejano que puede contemplarse a simple vista en el firmamento.

¿CÓMO ENCONTRAR LAS GALAXIAS M31 Y M33?

HEMISFERIO NORTE • Ambas se ven desde primera hora de la noche, bajas hacia el noreste, a finales del verano. Pero la mejor estación para observarlas es el otoño, cuando se ven cada vez más altas ya desde última hora de la tarde, hasta ascender a la zona del cenit en plena noche en octubre, un poco antes en noviembre y hacia las 7 u 8 de la tarde en diciembre.

• En invierno se ven aún altas en enero, y luego cada vez más bajas hacia el noroeste.

HEMISFERIO SUR • Las dos galaxias se ven, no muy altas hacia el norte, en primavera, en plena noche, en octubre, y cada vez más temprano hasta desaparecer al final de la estación. Se ven algo más altas desde las regiones tropicales, mientras que desde las templadas se mantienen bajas.

Marcelinfo
Dentro de unos 6000 millones de años, Andrómeda chocará con tu galaxia, la Vía Láctea. Ambas se fusionarán y nacerá Lactómeda. ¡Ahí estaré yo para verlo!

51

φ

λ

κ

ι

ο

γ – ALAMAK

M31

ν

μ

σ

β

γ

β – MIRACH

π

M 33

δ

α – ALPHERATZ

α

ε

Qué aburrido llamarlas M31 y M33, ¿no? ¡Parecen carreteras! Yo prefiero mil veces galaxia de Andrómeda y del Triángulo.

η

ζ

LOS GEMELOS

La constelación de Gemini (los Gemelos) representa, según la mitología griega, a Cástor y Pólux, también conocidos como los Dioscuros. Pólux era hijo de Zeus y Leda, y Cástor, de Leda y Tindáreo. Al ser hijo de Zeus, Pólux era inmortal; Cástor, en cambio, era un simple mortal. Cuando este último murió, Pólux se puso tan triste que pidió a su padre que también hiciera inmortal a Cástor, y el rey de los dioses cumplió su deseo y puso a los dos en el cielo, en la constelación de Gemini. La estrella más brillante de esta constelación se llama precisamente Pólux, y la segunda, Cástor. También es bastante brillante Alhena, la tercera con mayor luminosidad.

Pese a lo que puedas pensar, Cástor y Pólux no son estrellas «gemelas», es decir, no comparten sistema estelar. ¡Están a muchos años luz de distancia!

¿CÓMO ENCONTRAR GEMINI?

HEMISFERIO NORTE • El mejor momento para observarla es en invierno. A principios de la estación aparece en el noreste, por la tarde, y culmina en el sur, muy alta, no lejos del cenit, en plena noche. Ya entrado el invierno es visible al anochecer y culmina antes de medianoche, mientras que a finales de la estación lo hace sobre las 7 o las 8 de la tarde.

• Todavía es visible durante buena parte de la primavera, cada vez más baja hacia el oeste, hasta desaparecer a finales de la estación.

HEMISFERIO SUR • El mejor momento para contemplar esta constelación es en verano, cuando se ve baja en el norte, en plena noche al inicio de la estación y cada vez más temprano hasta marzo, cuando ya se ve al anochecer.

• Sigue siendo visible durante casi todo el otoño, baja en el noroeste, hasta que desaparece al final de la estación.

PÓLUX es una estrella única, gigante y que se encuentra a 34 años luz de nosotros. **CÁSTOR** es séxtuple, está compuesta por estrellas enanas y dista 51 años luz del Sol. Tanto Pólux como la estrella más luminosa del sistema séxtuple de Cástor son más de 35 veces más brillantes que el Sol.

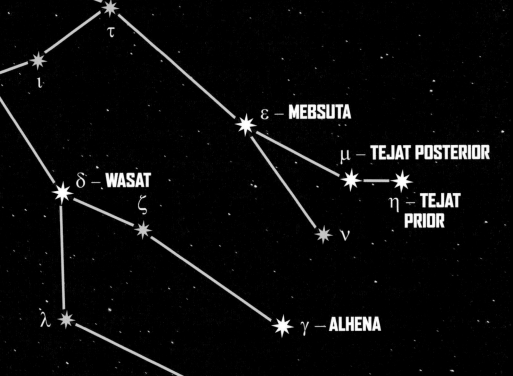

θ

α – **CÁSTOR**

β – **PÓLUX**

τ

ι

υ

κ

ε – **MEBSUTA**

μ – **TEJAT POSTERIOR**

η – **TEJAT PRIOR**

δ – **WASAT**

ζ

ν

λ

γ – **ALHENA**

ξ – **ALZIRR**

HÉRCULES

A pesar de ser la quinta constelación más grande del cielo y de que está dedicada a uno de los personajes más importantes de la mitología griega (Heracles, más conocido por su nombre romano, Hércules), esta constelación no contiene estrellas muy brillantes. Eso sí, tiene uno de los cúmulos globulares más famosos del firmamento: Messier 13 (o M13), el más luminoso del hemisferio norte. Este cúmulo contiene cientos de miles de estrellas, tiene un diámetro de unos 150 años luz y dista de nosotros entre 22 000 y 25 000 años luz. En 1974, desde el radiotelescopio de Arecibo se mandó hacia allí un mensaje de radio para hipotéticos habitantes alienígenas. Sin embargo, es improbable que en los cúmulos globulares haya planetas rocosos como la Tierra. En cualquier caso, la respuesta, si la hubiera, llegaría dentro de por lo menos 44 000 años, si tenemos en cuenta el tiempo necesario para llegar al cúmulo y regresar.

¡44 000 años! ¡Y yo que me quejo cuando le pregunto algo a Marcelino y tarda un poco en contestar!

¿DÓNDE ENCONTRAR HÉRCULES?

HEMISFERIO NORTE • La mejor estación para observar esta constelación es el verano. Alcanza la región del cenit antes de medianoche al principio de la estación y cada vez más pronto hasta encontrarse altísima en cuanto empieza a anochecer en agosto.

• A principios de otoño aún se mantiene alta, pero con el avance de la estación desciende cada vez más hacia el oeste.

• El invierno es la estación menos adecuada para verla, mientras que en primavera se la ve aparecer tarde y alzarse poco a poco entrada la noche.

HEMISFERIO SUR • Esta constelación se puede ver en las noches de invierno hacia el norte, algo más alta desde las regiones ecuatoriales y tropicales y más bien baja desde las templadas.

ζ

δ – **SARIN**

β – **KORNEPHOROS**

α – **RAS ALGETHI**

RAS ALGETHI
es una estrella triple
que dista de nosotros
320 años luz. Su componente
principal es una gigante o
supergigante roja unas
300 veces más grande que
el Sol, y entre 7000 y
9000 veces
más luminosa.

LEO

La constelación de Leo se reconoce con gran facilidad. Sus principales estrellas, llamadas Regulus, Denébola, Algieba y Zosma, forman un trapecio. Regulus es la más brillante de la constelación y la 21.ª más brillante de todo el cielo. Según los antiguos griegos, esta constelación representaba al león de Nemea que Hércules mató durante uno de sus doce trabajos, aunque los pueblos de Mesopotamia, en el año 4000 a. C., ya veían a un león en esta agrupación de estrellas.

En Leo, con un telescopio y el cielo despejado y oscuro, se pueden ver muchas galaxias, como M65, M66 y NGC 3628, que parecen próximas en el cielo y constituyen el llamado Triplete de Leo. Están a unos 35 millones de años luz, aproximadamente, de nosotros.

> Uf, ¿Hércules tuvo que hacer doce trabajos? ¡A mí cuando me mandan hacer uno ya me da pereza!

¿CÓMO ENCONTRAR LEO?

HEMISFERIO NORTE • Para encontrar Leo, puedes empezar por el Carro de la Osa Mayor. Las estrellas Dubhe y Merak señalan la Estrella Polar, pero en dirección opuesta señalan Leo.

• En invierno se puede ver por la noche. Con el paso de los meses se ve cada vez antes. En abril, el mejor mes para observarlo, aparece arriba, hacia el sur, sobre las 7 u 8 de la tarde.

• Al final de la primavera se muestra cada vez más abajo, hacia el oeste, hasta que en verano desaparece.

HEMISFERIO SUR • Leo está aproximadamente a medio camino entre dos estrellas muy brillantes: Procyon y Arturo.

• En verano se puede ver por la noche, cuando se alza por el noreste. Con el paso de los meses se ve cada vez antes, hasta que en abril, el mejor mes para observarlo, aparece no muy arriba hacia el norte sobre las 7 u 8 de la tarde.

• Al final del otoño se muestra cada vez más abajo, hacia el noroeste, hasta que en invierno desaparece.

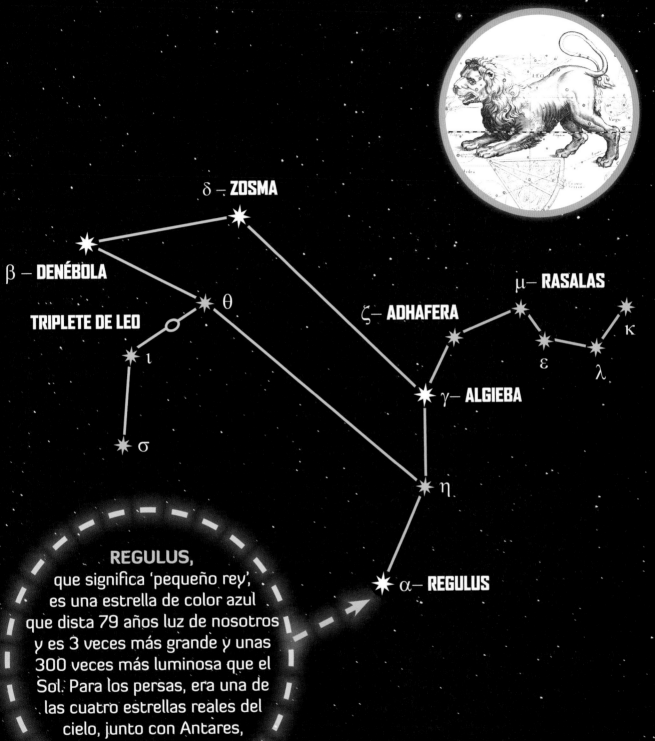

δ – **ZOSMA**

β – **DENÉBOLA**

TRIPLETE DE LEO

θ

ι

σ

ζ – **ADHAFERA**

μ – **RASALAS**

ε

λ

κ

γ – **ALGIEBA**

η

REGULUS,
que significa 'pequeño rey',
es una estrella de color azul
que dista 79 años luz de nosotros
y es 3 veces más grande y unas
300 veces más luminosa que el
Sol. Para los persas, era una de
las cuatro estrellas reales del
cielo, junto con Antares,
Fomalhaut y
Aldebarán.

α – **REGULUS**

LA LIRA

La Lira es una constelación pequeña, pero llamativa, porque contiene la brillantísima estrella Vega. Cerca de Vega hay un pequeño paralelogramo formado por cuatro estrellas más débiles. Según la mitología griega, la constelación de la Lira representa el instrumento musical que toca Orfeo, uno de los músicos más talentosos entre los grandes héroes mitológicos de la tradición. Un mal día, Eurídice, la esposa de Orfeo, murió, y él fue a buscarla al inframundo, que estaba bajo tierra. Hades, el dios de este reino, y su mujer, Perséfone, conmovidos por el amor de Orfeo, permitieron que Eurídice regresara al mundo de los vivos, pero con una condición: Orfeo debía caminar delante de ella y, hasta que ambos salieran del inframundo, no debía mirar atrás para mirarla. En cuanto salió del reino de los muertos, Orfeo no pudo resistir más y se dio la vuelta, pero Eurídice, que iba detrás de él, aún no había salido de ese reino, por lo que tuvo que regresar y él la perdió para siempre. Zeus transformó su lira en esta constelación.

¿CÓMO ENCONTRAR LA LIRA?

HEMISFERIO NORTE • La mejor estación para observar la Lira es el verano. Alcanza la región del cenit bien avanzada la noche en junio, poco antes de medianoche en julio, a última hora de la tarde en agosto y en cuanto empieza a oscurecer en septiembre.

• Luego permanece visible antes del anochecer, aunque cada vez más baja, hacia el oeste, durante todo el otoño.

• El invierno es la peor estación para verla, mientras que en primavera aparece tarde y se alza poco a poco hacia el final de la noche.

HEMISFERIO SUR • La Lira se puede ver solo desde una parte del hemisferio sur. En las noches de invierno se ve hacia el norte, algo más alta desde las regiones ecuatoriales y tropicales y más baja desde las templadas. Sin embargo, desde las regiones situadas aún más al sur no puede verse.

En el hemisferio celeste norte, solo la estrella Arturo (en Bootes) es más brillante que Vega.

VULTUR et LYRA

ANSER   CERBERUS

ε

α – VEGA

ζ

δ^2

β – SHELIAK

γ – SULAFAT

VEGA, la quinta estrella más brillante del cielo, es una enana que gira rápidamente sobre sí misma. De hecho, su forma es aplastada, como la de un balón de *rugby*: en la parte más ancha supera 2,8 veces el tamaño del Sol, y en la más achatada, 2,4 veces. Dista 25 años luz de nosotros, es de color blanco-celeste y 40 veces más luminosa que el Sol.

ORIÓN

Según la mitología griega, esta constelación representa a Orión, un cazador que alardeó de que era capaz de matar a cualquier animal. Gea, la diosa de la Tierra, se enfureció tanto que le envió un escorpión, cuya picadura le causó la muerte. Entonces, Zeus, el rey de los dioses, los transformó a ambos en constelaciones, aunque en partes opuestas del firmamento, para que no se encontraran.

Orión es fácil de reconocer: tiene tres estrellas con una luminosidad similar alineadas en la parte central de la constelación, que representan el cinturón del personaje, rodeadas de un cuadrilátero de estrellas que marcan los hombros y las piernas. Dos de ellas son superbrillantes: Betelgeuse y Rigel. Otras estrellas más débiles corresponden a la cabeza y a los brazos de Orión.

Además, en una mano sostiene un garrote, y en la otra un escudo, ¡aunque hay quien dice que es una piel de león!

¿CÓMO ENCONTRAR ORIÓN?

HEMISFERIO NORTE • En el hemisferio norte se ve mejor en invierno, hasta principios de la primavera.

• En diciembre puedes observarla en el sureste cuando oscurece, luego se alza con el paso de las horas y se sitúa a media altura en el sur a medianoche.

• En enero y en febrero se ve en el sur, alrededor de las 9 o las 10 de la noche.

• A principios de primavera se sitúa cada vez más baja, hacia el suroeste.

HEMISFERIO SUR • En el hemisferio sur se ve mejor en verano, pero también puede verse en otoño, en una posición más baja.

• Al inicio del verano puede observarse a media altura en plena noche, en el norte. Cuando la estación avanza, se distingue a primera hora de la noche y, finalmente, en marzo lo hace al caer el sol.

• En los meses de otoño todavía se puede ver, aunque cada vez más baja, hacia el noroeste.

λ – **MEISSA**

α – **BETELGEUSE**

γ – **BELLATRIX**

δ – **MINTAKA**

ε – **ALNILAM**

ζ – **ALNITAK**

BETELGEUSE
es una supergigante roja que
se encuentra a unos 600 años
luz de nosotros. Se trata de una
estrella muy grande, unas mil
veces mayor que el Sol.
Si ocupase su lugar, su superficie
llegaría casi hasta la órbita de
Júpiter. Además, ¡es unas
130 000 veces más
luminosa que
el Sol!

β – **RIGEL**

κ – **SAIPH**

OSA MAYOR

La Osa Mayor es la constelación más conocida del hemisferio norte, aunque no está formada por estrellas especialmente luminosas. Su parte más reconocible es el Carro, que representa la parte posterior del lomo y la cola de la Osa, mientras que las demás partes del cuerpo están marcadas por estrellas más débiles. Los nombres de las siete estrellas del Carro son: Dubhe, Merak, Phecda, Megrez, Alioth, Mizar y Alkaid. Cerca de Mizar hay una estrella más débil llamada Alcor.

En la Osa Mayor se pueden observar muchas galaxias, como M81, conocida también como galaxia de Bode, una de las tres más luminosas del cielo, que puede verse incluso con unos buenos prismáticos. Cerca de M81 está M82, llamada también galaxia del Cigarro, porque la vemos de lado y tiene un aspecto alargado y fino. Las dos se encuentran a unos 12 millones de años luz de la Tierra.

Los griegos veían una osa en esta constelación, pero otras civilizaciones imaginaron una caravana, un cucharón o bueyes de tiro.

¿CÓMO ENCONTRAR EL CARRO?

HEMISFERIO NORTE • El Carro se ve muy alto en el cielo, en la zona del cenit, a primera hora de la noche en primavera.

• En verano se ve alto hacia el noroeste, por la tarde-noche, y luego desciende.

• En otoño roza el horizonte septentrional, y se oculta total o parcialmente bajo las regiones menos septentrionales, mientras que en las más septentrionales se sitúa por encima del horizonte.

• En invierno se ve en el noreste y asciende a lo largo de la noche.

HEMISFERIO SUR • El Carro se ve solo desde las regiones ecuatoriales y tropicales. Allí se ve bajo hacia el norte en las primeras horas de las noches de otoño y de principios de invierno.

MIZAR se encuentra a 83 años luz y, a través del telescopio, se ve doble, pues de trata de una estrella binaria. Es más, cada una de sus dos estrellas también es binaria y, en conjunto, las cuatro brillan unas 80 veces más que el Sol. **ALCOR** dista de Mizar un año luz, aproximadamente, y también es una estrella doble.

M82

M81

α – **DUBHE**

ε – **ALIOTH**

δ – **MEGREZ**

ALCOR

β – **MERAK**

ζ – **MIZAR**

γ – **PHECDA**

η – **ALKAID**

PEGASO

La constelación de Pegaso representa a un caballo alado que, según la mitología griega, salió del cuello de Medusa cuando Perseo le cortó la cabeza. Luego ayudó en sus aventuras al héroe Belerofonte, que, montado sobre él, logró derrotar a Quimera, un monstruo híbrido que escupía fuego. La parte más reconocible de la constelación es el asterismo conocido como Gran Cuadrante de Pegaso, un rectángulo formado por cuatro estrellas de luminosidad media: Markab, Scheat, Algenib y Alpheratz. El cuadrado representa el cuerpo y el ala de este personaje y linda con Andrómeda. De hecho, una de sus estrellas, Alpheratz, era común a las dos constelaciones y representaba tanto el ombligo de Pegaso como la cabeza de Andrómeda, aunque en la actualidad se ha asignado únicamente a esta última constelación. Otras estrellas representan partes como la nariz (Enif) y las patas delanteras, mientras que la parte posterior de Pegaso no está representada en el firmamento.

Pegasi 51 b, que se encuentra en esta constelación, fue el primer planeta de fuera del sistema solar que se descubrió.

¿CÓMO ENCONTRAR PEGASO?

HEMISFERIO NORTE • La constelación de Pegaso aparece muy alta en el sur, ya entrada la noche en septiembre, un poco antes en octubre y a primera hora de la noche en noviembre.

• La mejor estación para verla es el otoño, aunque a finales de verano ya es visible baja en el este, por la tarde, y cada vez más alta bien entrada la noche.

• A principios de invierno se ve cada vez más baja en el oeste, hasta que desaparece a medida que avanza la estación.

HEMISFERIO SUR • La mejor estación para verla es primavera, cuando aparece bastante baja, en el norte, entrada la noche en septiembre y un poco antes en octubre. A finales de primavera se ve baja en el noroeste, hasta que desaparece a principios de verano.

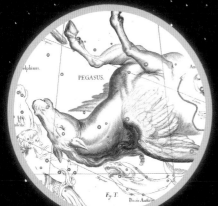

La estrella **ENIF** se encuentra a 690 años luz de nosotros. Es una supergigante naranja 200 veces más grande que el Sol. Si se encontrara en el lugar de este, su superficie llegaría más o menos hasta la órbita de la Tierra. Su luminosidad es unas 10 000 veces mayor que la del Sol.

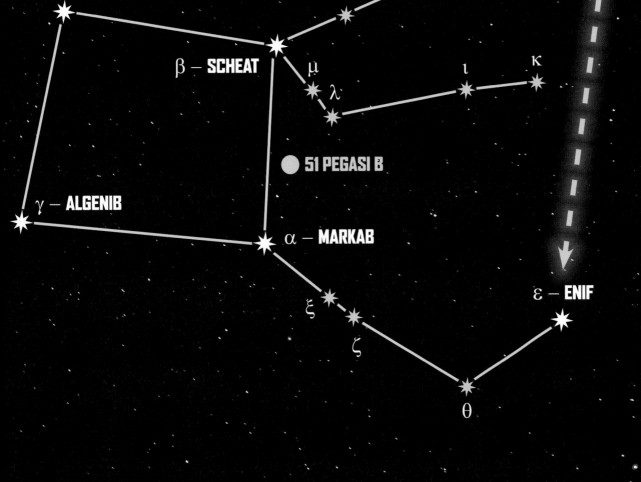

ALPHERATZ
(en Andrómeda)

π

η

β – SCHEAT

μ

λ

ι

κ

51 PEGASI B

γ – ALGENIB

α – MARKAB

ξ

ζ

ε – ENIF

θ

PERSEO

Según el mito griego, la constelación de Perseo representa al héroe que salvó a la princesa Andrómeda, hija del rey Cefeo y de la reina Casiopea. Esta última alardeó de ser más bella que las nereidas, un tipo de deidades marinas, por lo que fue castigada por Poseidón, el dios de los mares, que mandó un monstruo para que asolara su reino.

La única forma de terminar con la maldición era sacrificando a la pobre Andrómeda, a la que ataron a una roca en un acantilado. Por suerte, justo cuando llegó el monstruo también pasaba por allí Perseo, que venía de matar a Medusa, una criatura capaz de petrificar con la mirada. Como le había cortado la cabeza se la enseñó al monstruo, que quedó convertido en piedra, y así logró salvar a Andrómeda.

Además de Perseo, en el cielo también encontramos otras constelaciones que ya han aparecido en el libro y se relacionan con el mito: Andrómeda, Casiopea, Cefeo, Cetus (o Ceto, que era como se llamaba el monstruo) y Pegaso. En la constelación de Perseo, la estrella Algol representa el ojo de Medusa.

¿CÓMO ENCONTRAR PERSEO?

HEMISFERIO NORTE • El otoño es la mejor estación para observar esta constelación, cuando se ve muy alta en el cielo, hacia el cenit en mitad de la noche.

• Bien entrado el verano, se ve más baja cuando cae la noche, hacia el noreste, mientras que poco a poco va viéndose cada vez más alta, ya en plena noche.

• En invierno, en cambio, está muy alta antes del anochecer; luego baja en el noroeste, hasta que cada vez cuesta más verla a lo largo de la primavera.

HEMISFERIO SUR • La constelación de Perseo se ve hacia el norte en plena noche, en primavera, y al anochecer al principio del verano. Se sitúa más bien baja desde las regiones tropicales, y solo se puede ver parcialmente desde las templadas.

η — MIRAM

γ

α — MIRFAK

δ

β — ALGOL

ε

ρ

La estrella más luminosa
de Perseo es **MIRFAK**.
Se trata de una supergigante
de color blanco-amarillento
unas 70 veces más grande
que el Sol y 5000 veces
más luminosa. Dista
510 años luz de
nosotros.

Marcelinfo

En esta constelación se
encuentra también el
cúmulo doble de Perseo,
dos cúmulos abiertos
visibles a simple vista
que se hallan a unos
7500 años luz de la Tierra.

ζ

o — ATIK

EL PEZ AUSTRAL

La constelación del Pez Austral es pequeña y poco llamativa, salvo por la presencia de Fomalhaut, que destaca, además de por su luminosidad, porque se encuentra en una región del cielo con pocas estrellas. Está rodeada de un disco de restos donde se ha avistado un objeto que no se sabe con certeza si es un planeta extrasolar o un cúmulo de material derivado de la colisión de dos cuerpos celestes.

¿Una estrella rodeada por un disco de polvo estelar? ¡Pues a ver si le pasan el aspirador!

La constelación del Pez Austral se identificaba con un pez ya desde la época de los babilonios. Para los griegos representaba un gran pez que bebe el agua derramada por Acuario (constelación que se encuentra al norte del Pez Austral) y del que descienden los peces representados en Piscis. Para los persas, Fomalhaut era una de las cuatro estrellas reales, junto con Aldebarán, Regulus y Antares.

¿CÓMO ENCONTRAR EL PEZ AUSTRAL?

HEMISFERIO NORTE • Esta constelación se puede ver baja hacia el sur en plena noche a finales del verano; de noche, pero cada vez más pronto, en otoño, y en cuanto oscurece a principios de invierno, hasta que desaparece con el avance de la estación.

HEMISFERIO SUR • La constelación del Pez Austral se puede ver hacia el sureste a media altura a finales de invierno, y cada vez más alta con el transcurso de los meses hasta llegar al cenit durante las noches de primavera. A principios de verano se ve a media altura hacia el suroeste.

FOMALHAUT

es una estrella enana de color blanco-celeste situada a 25 años luz de nosotros. Es 1,8 veces más grande y 17 veces más brillante que el Sol. Forma un sistema triple con otras dos estrellas mucho más débiles.

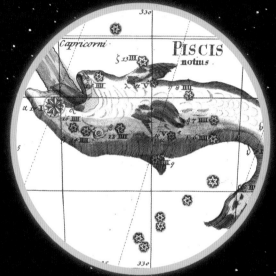

FOMALHAUT

POLO NORTE CELESTE

La constelación de la Osa Menor no es especialmente llamativa, pero es muy conocida entre los habitantes del hemisferio norte porque incluye un astro famoso, la Estrella Polar. No es muy luminosa, ya que hay más de 40 que la superan en la clasificación de las estrellas más brillantes. ¿Por qué es entonces tan famosa? ¡Porque se encuentra muy cerca del norte exacto del firmamento!

Como tal vez ya sepas, la Tierra rota sobre sí misma alrededor del eje terrestre, una línea imaginaria que pasa por el centro del planeta de polo a polo. Si prolongamos este eje hacia el cielo, señala dos puntos: el polo norte y el polo sur celestes. Nosotros, que estamos en la Tierra, no nos damos cuenta de la rotación y nos parece que es el cielo el que gira alrededor de los polos celestes.

Esto se aprecia muy bien con la Estrella Polar: como está muy cerca del polo norte celeste, por la noche se mantiene (casi) quieta, mientras el cielo parece moverse a su alrededor. Señala (casi) con exactitud el punto cardinal norte.

Aunque ahora la Estrella Polar es la más cercana al polo norte celeste, no siempre lo será ni siempre lo ha sido, ya que las estrellas no permanecen fijas en la bóveda celeste.

¿CÓMO SE ENCUENTRA EL POLO NORTE CELESTE?

HEMISFERIO NORTE • Para encontrarlo tienes que buscar la Estrella Polar. Cuanto más al norte te encuentres, más alta la verás: por ejemplo, está baja en el norte de África y alta en Escandinavia. Para encontrarla, partimos de las estrellas del Carro Mayor Dubhe y Merak. Si desde Merak llegamos a Dubhe y luego continuamos a lo largo de esa línea unas cinco veces la distancia entre las dos, llegamos a una estrella de luminosidad similar que parece aislada en el cielo: la Estrella Polar.

HEMISFERIO SUR • Desde el hemisferio sur no se ve la Estrella Polar.

α – **ESTRELLA POLAR**

X

POLO NORTE CELESTE

δ

ε

η

ζ

γ – **PHERKAD**

β – **KOCHAB**

La **ESTRELLA POLAR** es una supergigante amarilla unas 45 veces más grande que el Sol y unas 2500 veces más luminosa. Está a unos 450 años luz. Se trata de una estrella triple, es decir, tiene dos estrellas compañeras mucho menos brillantes.

DUBHE

MERAK

POLO SUR CELESTE

El polo sur celeste es el punto del firmamento al que señala el eje terrestre (es decir, la línea imaginaria que pasa por dentro de la Tierra) si lo prolongamos por el sur del planeta. Lo mismo que sucedía con el polo norte celeste, pero por el lado contrario.

Cerca del polo sur celeste hay una estrella muy débil que se llama Sigma Octantis o Polaris Australis. De noche está (casi) quieta, mientras que parece que todo el cielo gira a su alrededor.

Señala (casi) exactamente el sur. Sin embargo, a diferencia de la Estrella Polar, su equivalente en el norte, su brillo es muy débil, por lo que es bastante frecuente que para localizar el punto cardinal sur se usen otras estrellas que están más alejadas de él, pero que son más brillantes, como las de la Cruz del Sur.

Sigma Octantis es una de las estrellas que aparecen representadas en la bandera de Brasil. Concretamente, representa al distrito de la capital del país, Brasilia.

¿CÓMO ENCONTRAR EL POLO SUR CELESTE?

HEMISFERIO NORTE • Desde el hemisferio norte no se ve el polo sur celeste.

HEMISFERIO SUR • El polo sur celeste se encuentra hacia el sur y, cuanto más en el sur estés, más alto se ve en el cielo. Por ejemplo, está bajo en Río de Janeiro y más alto en Tierra del Fuego. Para encontrarlo se puede partir de las estrellas Ácrux y Gacrux, que constituyen el brazo más largo de la Cruz del Sur. Si desde Gacrux llegamos a Ácrux y seguimos por esa línea unas cuatro veces y media la distancia entre las dos estrellas, alcanzamos la posición del polo sur celeste.

GACRUX

CRUZ DEL SUR

ÁCRUX

Marcelinfo

¿Te acuerdas de la Estrella Polar? También se conoce como Polaris. De ahí viene el otro nombre de Sigma Octantis: Polaris Australis, que significa 'la Polaris del Sur'.

SIGMA OCTANTIS se encuentra en la constelación de Octans. Es una estrella gigante blanca, 38 veces más luminosa que el Sol. Pero, como se encuentra a casi 300 años luz, su visibilidad desde la Tierra es tenue y solo puede verse cuando el cielo está despejado y oscuro.

POLO SUR CELESTE **X**

SIGMA OCTANTIS

SAGITARIO

La constelación de Sagitario es muy antigua; ya la conocían los sumerios y los griegos. Representa a un centauro (un ser mitológico con la cabeza y el torso de un hombre y el cuerpo de un caballo) a punto de disparar una flecha con un arco. En latín, flecha es *sagitta*, de donde tomó el nombre esta constelación. Aunque puede ser difícil identificar al centauro en las estrellas de la constelación, el mango del arco y la flecha son más fáciles de reconocer. El grupo de estrellas que los representan se conoce también como «la Tetera». En Sagitario hay muchas nebulosas, como la de la Laguna (M8), Trífida (M20) y Omega (M17). En la dirección de la constelación de Sagitario, mucho más lejos que las estrellas que la forman, a 27 000 años luz de nosotros, se encuentra el centro de nuestra galaxia.

Ostras, no me extraña que tenga tantas nebulosas, ¡porque el centauro también lo veo un poco «nebuloso» en esta constelación!

¿CÓMO ENCONTRAR SAGITARIO?

HEMISFERIO NORTE • La mejor estación para observar Sagitario es el verano, cuando se ve baja en el sur, entrada la noche al inicio de la estación y cada vez más temprano hasta septiembre, cuando se ve al anochecer.

• Todavía es visible a principios de otoño, baja en el suroeste, hasta que desaparece a medida que avanza la estación.

HEMISFERIO SUR • La mejor estación para observarla es en invierno. Primero surge en el suroeste, por la tarde, y se alza hacia el norte, muy alta, no muy lejos del cenit, ya entrada la noche. En pleno invierno es visible al atardecer y alcanza su punto culminante ya de noche, mientras que a finales de invierno lo hace por la tarde.

• Sigue siendo visible durante buena parte de la primavera, cada vez más baja hacia el oeste, hasta que desaparece a finales de la estación.

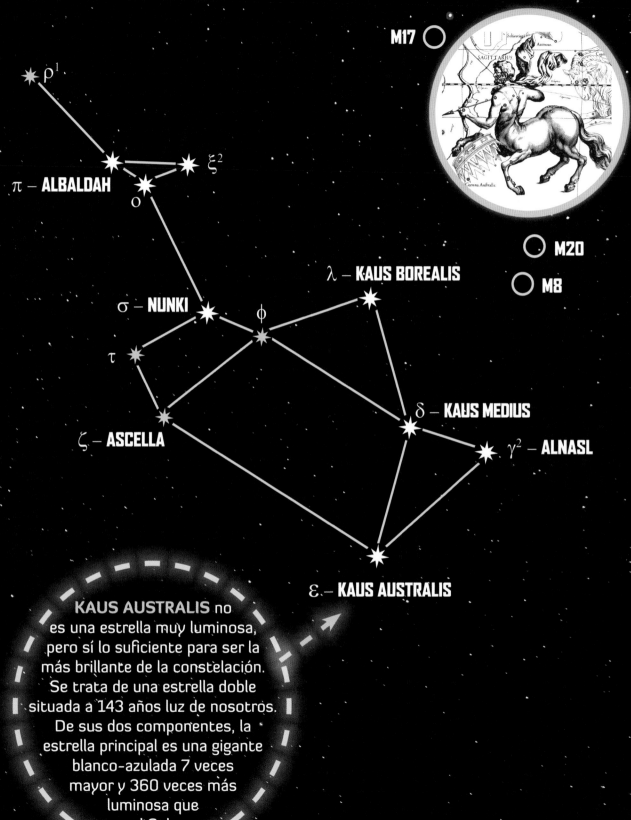

M17

ρ^1

π – ALBALDAH

ξ^2

o

λ – KAUS BOREALIS

M20

M8

σ – NUNKI

ϕ

τ

δ – KAUS MEDIUS

ζ – ASCELLA

γ^2 – ALNASL

ε.– KAUS AUSTRALIS

KAUS AUSTRALIS no es una estrella muy luminosa, pero sí lo suficiente para ser la más brillante de la constelación. Se trata de una estrella doble situada a 143 años luz de nosotros. De sus dos componentes, la estrella principal es una gigante blanco-azulada 7 veces mayor y 360 veces más luminosa que el Sol.

TAURO

La constelación de Tauro es una de las más espectaculares del firmamento. Contiene una estrella muy brillante, Aldebarán, y los cúmulos estelares de las Híades (el más cercano al sistema solar, a 150 años luz de distancia) y de las Pléyades (que está a unos 450 años luz de nosotros y es el que se observa más fácilmente a simple vista en el cielo nocturno).

Tauro es una constelación muy antigua, ya conocida por los sumerios, que veían en ella al gran toro del cielo que luchaba contra el héroe Gilgamesh, representado para ellos por la cercana constelación de Orión. Aunque, en realidad, Tauro podría conocerse desde hace incluso más tiempo, ya que una pintura rupestre en la cueva de Lascaux (Francia), que se remonta al año 15 000 a. C., representa a un toro que tiene sobre su grupa una serie de puntos que parecen representar las estrellas de las Pléyades, por lo que el toro podría simbolizar a su vez a Tauro.

¿CÓMO ENCONTRAR TAURO?

HEMISFERIO NORTE • El mejor momento para observar la constelación de Tauro es a finales de otoño y durante el invierno.

• En diciembre se encuentra muy baja en el noreste, al anochecer, y culmina en el sur, muy alta, cerca del cenit, unas horas después.

• En enero es visible al atardecer y culmina a primera hora de la noche, y lo hace un poco antes en febrero.

• Sigue siendo visible en marzo y a comienzos de la primavera, cada vez más baja hacia el oeste.

HEMISFERIO SUR • La mejor estación para verla es el verano, cuando se ve baja en el norte, en las primeras horas de la noche, al principio, y cada vez más temprano hasta que, en febrero, lo hace al anochecer.

• En marzo y durante el inicio del otoño sigue siendo visible, cada vez más baja hacia el noroeste.

β – **ELNATH** ✦

M1 ◯

✦
ζ – **ZETA TAURI**

HÍADES

ε ✦ ✦
✦ δ^1 ✦

α – **ALDEBARÁN** ✦

✦
θ ✦

γ ✦

PLÉYADES ◯

λ ✦

ALDEBARÁN
representa el ojo del toro
y es una estrella gigante de
color rojo-anaranjado, 44 veces
más grande y más de 400 veces más
luminosa que el Sol. Se encuentra a
65 años luz de nosotros y se trata
de una estrella más vieja que el Sol,
que en las fases finales de su vida
se convertirá a su vez en una
gigante parecida a
Aldebarán.

En Tauro se halla
también la nebulosa del
Cangrejo o M1, visible
con telescopio. ¡La tienes
arriba, cerca de Zeta
Tauri!

ξ ✦

o ✦

TUCANA

Tucana (o el Tucán) es una pequeña constelación que carece de estrellas muy brillantes, aunque contiene dos objetos celestes muy hermosos, ambos visibles a simple vista. El primero es la Pequeña Nube de Magallanes, una galaxia que se extiende por gran parte de esta constelación y, en menor medida, por la cercana constelación de Hidra Macho. El segundo es el cúmulo globular 47 Tucanae, el segundo más brillante del firmamento tras el de Omega Centauri. 47 Tucanae se encuentra a 13 000 años luz de la Tierra, tiene un diámetro de 120 años luz y contiene millones de estrellas; con binoculares o un telescopio ofrece un magnífico espectáculo.

Curiosamente, cerca de Tucana se hallan otras constelaciones que toman su nombre de varias aves, algunas reales, como el Pavo y Grus (la grulla), y otra mitológica, como el Fénix.

La Pequeña Nube de Magallanes (no la confundas con la Gran Nube de Magallanes, en la constelación de Dorado) es uno de los objetos más lejanos visibles a simple vista.

¿CÓMO ENCONTRAR TUCANA?

HEMISFERIO NORTE • La constelación de Tucana no puede verse desde el hemisferio norte, salvo en las regiones más cercanas al ecuador, desde donde se ve baja hacia el sur en las noches de otoño.

HEMISFERIO SUR • La constelación de Tucana puede verse desde todo el hemisferio sur.

• Desde las regiones templadas y las situadas más al sur es circumpolar, es decir, que siempre se ve por encima del horizonte: más alta hacia el sur en las noches de primavera, un poco más baja hacia el suroeste en verano y hacia el sureste en invierno, y aún más baja en el horizonte sur en otoño.

Toucan.

Æquinoctiorum

ubec Minor.

Phœnix

ALFA TUCANAE

es la estrella más luminosa
de la constelación, a pesar de
que no es demasiado brillante.
Se trata de una estrella doble
situada a 200 años luz de nosotros.
Su componente principal es una
estrella gigante anaranjada
37 veces más grande y
425 veces más luminosa
que el Sol.

γ

ALFA TUCANAE – α

β

ζ

ε

δ

47 TUCANAE

PEQUEÑA NUBE
DE MAGALLANES

VIRGO

Según la mitología griega, la constelación de Virgo representa a Deméter, la diosa de las cosechas y la fertilidad de la tierra. Su hija Perséfone fue secuestrada por Hades, el dios del inframundo, que la llevó consigo a su reino subterráneo. Cuando se enteró, Deméter se enfadó tanto que decidió hacer que la Tierra se volviera estéril. Entonces, los seres humanos, llevados por el hambre, invocaron a Zeus, que llamó a Deméter y a Hades y los obligó a que llegaran a un acuerdo. Se estableció que Perséfone pasaría seis meses cada año en el reino de Hades y los otros seis en la Tierra. Desde entonces, la Tierra es fértil solo durante los seis meses que Perséfone pasa con su madre, es decir, en primavera y verano, mientras que en los otros seis, los de otoño e invierno, se seca. En Virgo se encuentra una estrella muy brillante, Espiga, y con un telescopio se pueden ver muchísimas galaxias, entre ellas M87.

En el centro de galaxia M87 hay agujero negro, que primero de la histor ser fotografiado pc astrónomos.

¿CÓMO ENCONTRAR VIRGO?

HEMISFERIO NORTE • A principios de primavera (la mejor estación para verla), esta constelación aparece en el este, por la noche, y luego se alza hasta situarse a media altura en dirección sur en las horas centrales de la madrugada. A finales de primavera aparece tras el anochecer y se encuentra en el sur por la noche.

• En la primera mitad del verano aparece más baja por el suroeste, hasta que desaparece al avanzar la estación.

HEMISFERIO SUR • A principios de otoño (la mejor estación para verla) aparece en el este, por la noche, y luego se alza poco a poco hasta encontrarse bastante alta en el norte, en las horas centrales de la madrugada. A finales de otoño aparece tras el anochecer y se encuentra alta, en el norte, por la noche.

• En la primera mitad del invierno aparece aún más alta, al anochecer, y luego más baja en el noroeste, hasta que desaparece a finales de la estación.

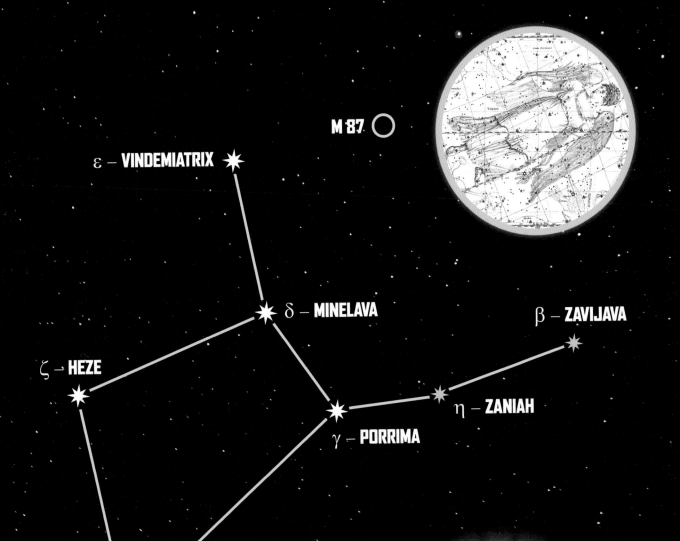

M 87 ◯

ε – VINDEMIATRIX

β – ZAVIJAVA

δ – MINELAVA

ζ → HEZE

η – ZANIAH

γ – PORRIMA

α – ESPIGA

La brillante estrella **ESPIGA** se encuentra a 250 años luz de nosotros y es una estrella doble. Las dos estrellas que la forman son azules, una casi 20 000 veces más luminosa que el Sol, y la otra 2000 veces más.

EL GLOSARIO DE MARCELINO

Aunque seas un simple y limitado humano, gracias a mi glosario tus conocimientos astronómicos no tendrán nada que envidiar a los de un robot como yo.

Año luz: Unidad que se usa para medir las enormes distancias del cosmos. Equivale a la distancia que recorrería la luz en un año, ¡casi 9 billones y medio de kilómetros!

Asterismos: Conjuntos de estrellas que forman figuras, pero no se consideran constelaciones, como el Triángulo estival o el Cuadrante de Pegaso.

Cenit: El punto del firmamento que está situado verticalmente sobre los terrícolas. O, dicho de otra manera, el punto más alto de la esfera celeste cuando estás en la Tierra.

Cúmulos estelares: Enormes agrupaciones de estrellas que se mantienen unidas por la fuerza de la gravedad, como las Pléyades. Existen dos tipos: abiertos y globulares. En los primeros la fuerza de la gravedad es menor que en los segundos, y el cúmulo se va disgregando con el tiempo.

Estrellas (color): Aunque, debido a la oscuridad del firmamento, vuestra vista hace que veáis las estrellas blancas o, como mucho, rojizas, en realidad son de muchos colores: azules, blancas, amarillas, anaranjadas y rojas. El color de las estrellas depende de la temperatura que tengan. Como ves en la imagen de abajo, las rojas no son las más calientes, ¡sino las más frías! Eso sí, incluso en estas te achicharrarías, porque están a varios miles de grados.

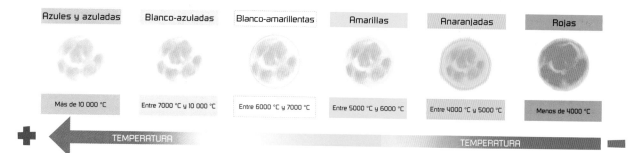

Azules y azuladas	Blanco-azuladas	Blanco-amarillentas	Amarillas	Anaranjadas	Rojas
Más de 10 000 °C	Entre 7000 °C y 10 000 °C	Entre 6000 °C y 7000 °C	Entre 5000 °C y 6000 °C	Entre 4000 °C y 5000 °C	Menos de 4000 °C

TEMPERATURA   TEMPERATURA

Estrellas (tamaño): Además del color, otro criterio para clasificar las estrellas es su tamaño. De menor a mayor, las hay enanas (que son la mayoría, como el Sol), gigantes y supergigantes.

Estrellas múltiples: Estrellas que forman parte del mismo sistema, es decir, orbitan unas alrededor de las otras. Se suelen agrupar en parejas (estrellas dobles o binarias), pero a veces lo hacen en sistemas de tres, cuatro o incluso más, que giran en el espacio en complicadas órbitas, sin colisionar nunca.

Galaxias (tipos): Conjuntos de estrellas (y de otros objetos celestes, polvo cósmico y energía) unidos por la gravedad y que giran alrededor de un mismo centro de masas, como los planetas alrededor del Sol en el sistema solar, ¡pero a lo grande! Las hay de diferentes tipos según su forma: elípticas, espirales (normales o barradas), lenticulares e irregulares.

Nebulosas: Regiones de materia interestelar formadas por gases y polvo que se agrupan formando una especie de niebla cósmica. Hay nebulosas de emisión (que brillan por el efecto de la luz de estrellas cercanas en sus gases), de reflexión (que reflejan la luz de algunas estrellas) y oscuras (que no emiten o reflejan luz alguna).

Planeta extrasolar: Planetas que orbitan alrededor de una estrella que no es el Sol. También se llaman exoplanetas.

Supernova: Cuando a ciertos tipos de estrellas se les agota el «combustible», su núcleo se encoge debido a la gravedad y explotan. A estas explosiones estelares se las llama supernovas y de ellas pueden nacer estrellas de neutrones o agujeros negros.

Shackleton kids

En **Shackleton Kids** nos apasiona crear y publicar libros divulgativos para los más pequeños de la casa. Compartimos con ellos su inagotable curiosidad, el gusto por la aventura y, sobre todo, la convicción de que se aprende más y mejor cuando se añaden las justas dosis de diversión y sentido del humor.

Por eso los contenidos y las ilustraciones de nuestros libros están especialmente pensados para esos jóvenes lectores.

Visita nuestro canal de youtube y descubre cientos de divertidos vídeos educativos. Utiliza el código QR accede directamente.

También puedes seguirnos en:

shackletonbooks.com

@shackletonkids

Mis pequeños
HÉROES

Las mejores biografías ilustradas para conocer a los verdaderos héroes de la historia

MITOLOGÍA PARA NIÑOS

Las aventuras, los dioses y los héroes de las grandes historias de la mitología.

Únete a Carmen, Marco y el abuelo en un increíble viaje por las épocas y civilizaciones del pasado.

Mi primera biblioteca

Para descubrir el placer de la lectura con las mejores historias de todos los tiempos.

LOS EXPLORADORES DEL ESPACIO

Espectaculares álbumes ilustrados para descubrir todos los secretos del universo.

Ciencia perruna & Curiosidad gatuna

Aprende con los mejores especialistas de cada tema (¡y con un perro y un gato!).

¡Y mucho más en nuestra web!

GUÍA DE CONSTELACIONES Y ESTRELLAS

© Shackleton Books, S. L.

© de las ilustraciones, Tommaso Ronda

© de los textos, Carlo Davide Cenadelli

Traducción: Victoria Romero y Víctor Sabaté

Primera edición en Shackleton Kids, marzo de 2022

Primera reimpresión: junio de 2023

Shackleton Kids es el sello infantil de la editorial
Shackleton Books, S. L.

Realización editorial:
Bonalletra Alcompas, S. L.

Diseño de cubierta:
Pau Taverna

Diseño de la colección:
Elisenda Nogué

Maquetación:
reverté-aguilar

© Fotografías:
Todas las imágenes son de dominio público excepto
Milenioscuro / Wikimedia Commons [CC BY-SA 4.0].

ISBN: 978-84-1361-127-3
DL: B 1871-2022

Impreso en España